El Camino para Bolivia
Peregrinajes y testimonios

David Atkinson

Copyright © 2022 por David Atkinson. 838653

Todos los derechos reservados. Ninguna parte de
este libro puede ser reproducida o transmitida de
cualquier forma o por cualquier medio, electrónico
o mecánico, incluyendo fotocopia, grabación, o por
cualquier sistema de almacenamiento y recuperación,
sin permiso escrito del propietario del copyright.

Para realizar pedidos de este libro, contacte con:
Xlibris
1-844-714-8691
www.Xlibris.com
Orders@Xlibris.com

ISBN: Tapa Dura   978-1-6698-0871-8
        Tapa Blanda   978-1-6698-0870-1
        Libro Electrónico   978-1-6698-0872-5

Numero de la Libreria del Congreso: 2022901521

Información de la imprenta disponible en la última página.

Fecha de revisión: 02/22/2022

El Camino para Bolivia

Peregrinajes y testimonios

La concha de vieira del Camino
- Alex Antonowich

Agradecimientos

Agradezco a los amigos, antiguos y nuevos, que durante seis años en Bolivia nos acogieron en sus hogares y corazones y nos incorporaron a sus familias, creando y fortaleciendo amistades de por vida.

Agradezco a ustedes que tan generosamente han contribuido sus reflexiones a este libro, todos responsables por los logros que motivaron mi peregrinaje.

Agradezco a dos editoras pacientes de este libro: Martha Luz, sin la cual mi experiencia en Bolivia no habría sido posible, y Andrea Arenas, madre de nuestra nueva nieta "Charlie", nacida el 14 de diciembre de 2021.

"Si no caminamos, aquí nos quedamos ..."
- Cayetano Llobet, enero 4 de 1998

Prólogo

Mi peregrinaje por el Camino de Santiago de Compostela en 2014 fue en homenaje a Bolivia y a aquellos bolivianos que se dedicaron en los años 1990 a fortalecer la construcción de una economía viable, una sociedad equitativa, un ambiente sostenible, un gobierno responsable, una democracia incluyente. No pretendo analizar en detalle las reformas del gobierno sino prestar un reconocimiento de su origen y su intención. Como ocurre con cualquier programa ambicioso de políticas públicas, la implementación de algunas de esas reformas puede no haber estado a la altura de las expectativas, pero sus objetivos eran nobles y merecían un compromiso a largo plazo para lograr su cumplimiento.

Lo que sigue es un diario de mi caminata, un recuerdo del paisaje y de los pueblos y las ciudades de las Comunidades Autónomas de Navarra, La Rioja, Castilla y León, y Galicia, de momentos compartidos con compañeros peregrinos, amigos hospitaleros de albergues y ciudadanos de esas Comunidades que conocí a lo largo de los 800 kilómetros de la Ruta Francesa del Camino. Y entre los treinta y dos tramos de la caminata, incluyo comentarios de amigos y varias autoridades que conocen bien y, en una forma u otra, contribuyeron a las medidas que, según uno de ellos, formaron parte de uno de los períodos "más creativos, si no el más creativo, de la historia contemporánea de Bolivia y ... dejaron una impronta que aún dura al comenzar la tercera década del siglo XXI."

Finalmente, una nota personal. Tuve el honor de servir como Representante del Banco Interamericano de Desarrollo en Bolivia entre 1994 y 1999, después de servir en esa misma posición en Brasil los cinco años anteriores. Ofrecido la Representación en otro país de la misma importancia geopolítica que Brasil, solicité en su lugar que me asignaran a Bolivia, atraído (además, innegablemente, de las hechiceras andinas el Illimani y el Huayna Potosí) por la oportunidad de colaborar con el país para apoyar reformas socio-económicas que se consideraban modelos icónicos para países en desarrollo, en cumplimiento precisamente de la propia misión del Banco. Pero no pretendo que las opiniones en este libro representen o reflejen las del Banco, sino las mías.

Los lectores que, en el mismo espíritu de este libro, deseen hacer comentarios pueden enviarlos a mi website, _caminocando.com_.

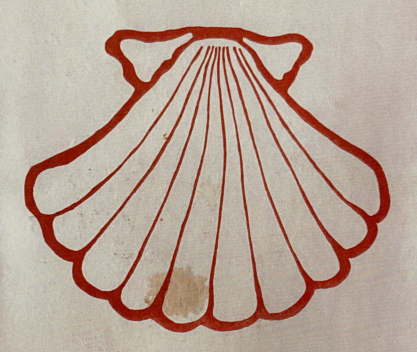

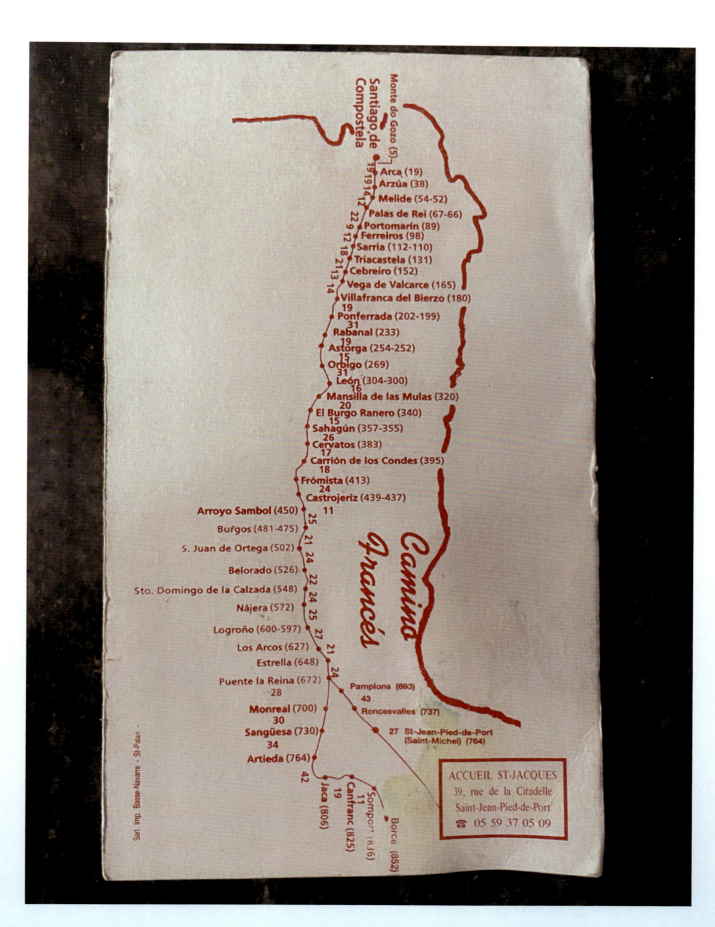

St. Jean Pied de Port, Francia
6 de julio de 2014

"Bolivia se encontraba en una espiral de muerte económica entre 1979 y 1985. La situación política estaba en crisis. Los gobiernos duraron meses, semanas o incluso días. El malestar social fue generalizado, con huelgas generales, paros laborales y violencia. A principios de 1985, la inflación corría a una tasa anual de decenas de miles por ciento anual.

El liderazgo de Goni fue determinante para poner fin a esta confusión y restablecer la gobernanza civil, constitucional y democrática, la estabilidad macroeconómica y la restauración del crecimiento económico. Decreto Supremo 21060 fue una sacudida simbólica y sustantiva para el sistema que logró poner fin a la hiperinflación a mediados de 1985 y establecer las bases para la recuperación económica a pesar del colapso del precio global del estaño que ocurrió (por coincidencia, en realidad) en octubre de 1985 cuando el programa de estabilización estaba recién comenzando. Goni fue decisivo, democrático y humano. Quería una salida pacífica y cooperativa a la crisis más profunda de la historia moderna de Bolivia. Y lo logró.

A principios de 1986, la continuación del éxito de la reforma económica requería que Bolivia lograra un profundo alivio de la deuda (en efecto, una profunda cancelación de la deuda) para lograr una recuperación sostenida. Para su enorme crédito, Goni comprendió la necesidad de crear un nuevo modelo para el alivio de la deuda, y él (y yo) presionamos con fuerza al sistema financiero internacional, y al FMI en particular, para permitir una resolución del sobre endeudamiento de Bolivia. Esto también fue un liderazgo crucial.

Goni lideró con claridad, determinación, conocimiento de la historia (comparó las reformas de Bolivia con las del economista alemán Ludwig Erhard en 1947) y la humanidad. Tiene un maravilloso sentido del humor, un gran patriotismo por su país (reconociendo también las largas contribuciones de su familia al país), una gran amabilidad, una dedicación a la democracia y una gran inteligencia práctica. Fue un gran honor para mí ayudarlo durante 1985-1986 a apoyar que Bolivia se recuperara."

> *- Jeffrey Sachs, economista, Professor de Columbia University, reconocido como uno de los principales expertos mundiales en desarrollo sostenible, desarrollo económico y lucha contra la pobreza. Fue asesor de Sánchez de Lozada en los años 80 cuando recomendó medidas que resultaron en la adopción del Decreto Supremo 21060*

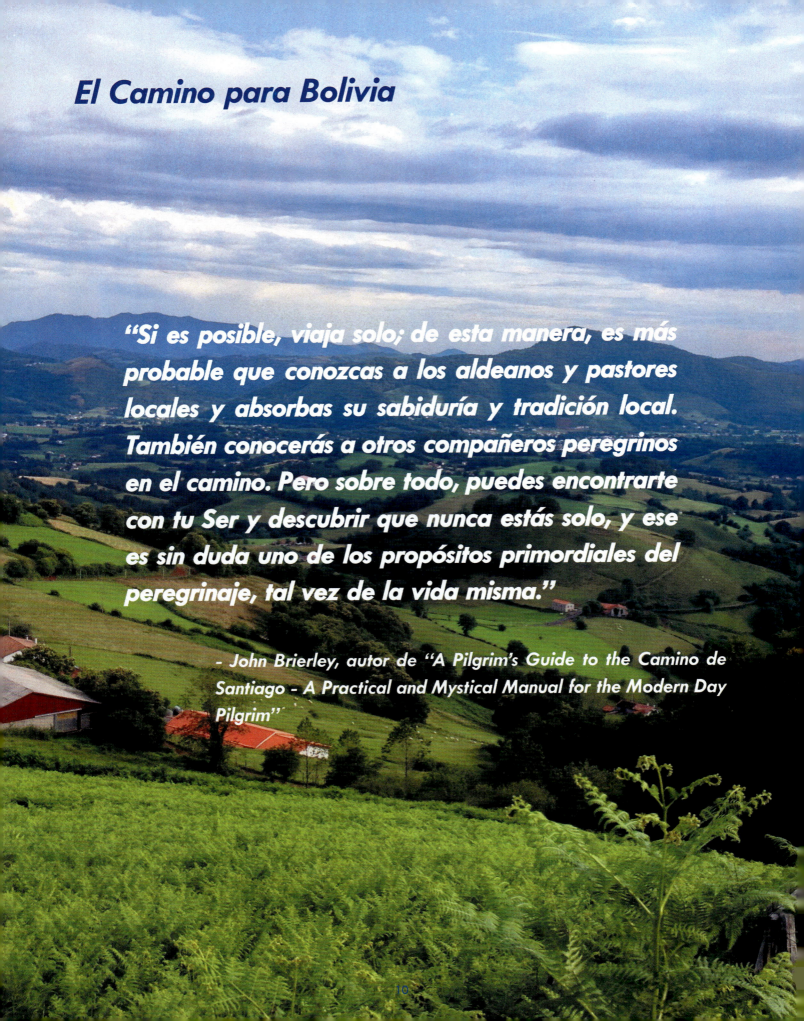

El Camino para Bolivia

"Si es posible, viaja solo; de esta manera, es más probable que conozcas a los aldeanos y pastores locales y absorbas su sabiduría y tradición local. También conocerás a otros compañeros peregrinos en el camino. Pero sobre todo, puedes encontrarte con tu Ser y descubrir que nunca estás solo, y ese es sin duda uno de los propósitos primordiales del peregrinaje, tal vez de la vida misma."

- John Brierley, autor de "A Pilgrim's Guide to the Camino de Santiago - A Practical and Mystical Manual for the Modern Day Pilgrim"

6 de julio de 2014. Comencé la primera etapa de los 800 kilómetros del Camino Francés, la ruta "de mayor relevancia histórica y la más seguida por los peregrinos" (gronze.com), desde el suroeste de Francia hasta Santiago de Compostela en el noroeste de España: unos 24 kilómetros con una subida de 1.300 metros desde el pueblo de St. Jean Pied de Port en la región francesa de Aquitania, seguida por un descenso de otros 500 metros hasta Roncesvalles en las laderas de los Pirineos en la Comunidad de Navarra.

Cruzando los Pirineos

Después de una subida inicial fuerte, el paisaje de los Pirineos me transportó sobre un camino tan gradual que el cruce de la frontera fue una sorpresa y el descenso por el bosque de árboles de haya hipnotizante.

"Recuerdo que me impresionó y me emocionó un discurso que pronunció Sánchez de Lozada en el BID, tal vez durante la primavera de 1994, antes de conocerlo personalmente. Ahora, puede sonar demasiado "neoliberal" para algunos, pero de hecho su programa me pareció una política sensata combinada con la determinación de atender las necesidades sociales de los bolivianos."

- Nancy Birdsall, Vice Presidente Ejecutiva del Banco Interamericano de Desarrollo (1994-1998) y Fundadora del Center for Global Development

Roncesvalles

7 de julio, 27 kilómetros hasta Larrasoaña. Decidí hacer esta caminata sin pareja, pero en el Camino uno nunca está solo. Durante la primera semana me incorporé a este grupo de españoles, que incluía a Araceli, Nieves y Olivia, a quienes bauticé como "Las Astronautas" y cuya amistad perdura hasta el día de hoy.

Cruzando el Río Arga en Zubirí, en la misma cuenca en que pescaba Hemingway en los años 1920 cuando estaba en Pamplona, base de su primera novela, The Sun Also Rises. Pasé a saludar a María Eugenia, hospitalera del Albegue Zaldiki, excelente ejemplo de los lugares donde me hospedé en toda mi caminata.

"Gonzalo Sánchez de Lozada fue gestor de la solución a la crisis de 1985 y el principal modernizador del país durante su gestión 1993-1997. Introdujo cambios radicales en la economía y la política, y no solamente lo hizo sin violencia sino también sin recursos económicos y con apenas una mayoría electoral relativa. Tuvo que armar una coalición electoral para acceder a la presidencia y gobernar, y en tan solo 4 años puso en marcha reformas tan profundas y válidas que 25 años después siguen vigentes, pese a que la mayor parte de ese tiempo su figura política ha sido continuamente atacada por gobernantes y opositores. La bonanza del gas hubiera sido impensable sin la capitalización, el desarrollo urbano en pueblos fue posible por la reforma municipal con participación popular, el sistema de pensiones dejó de estar quebrado para ser la principal fuente de ahorros a largo plazo, creó una pensión vitalicia de alcance universal para los ancianos y estableció las mayores reservas ecológicas del país. Ningún otro gobierno hizo tanto y tan duradero en tan poco tiempo y con tan poco poder, combinando pragmatismo, eficacia y sensibilidad social."

- Roberto Laserna, Presidente de la Fundación Milenio y Director del Centro de Estudios de la Realidad Económica y Social (CERES)

8 de julio, 21 kilómetros hasta Cizur Menor, pasando por Pamplona, en plena fiesta de San Fermín. La Plaza del Castillo y el Café Iruña - centros neurálgicos de las celebraciones - me trajeron recuerdos, de mi conversación en este mismo lugar con Hemingway en 1959, de pasar por esta ciudad icónica, muchos años después por supuesto, con mi esposa Martha Luz y después con mi hermano Ricardo Blanco. Mi alegría esta vez fue templada por la falta de mis nuevos amigos españoles, pero igual gocé de la gente bailando en el café, todos vestidos de blanco y rojo, la tradición de la fiesta.

Estas fiestas me recordaron a otras, las del carnaval de Oruro, que celebramos varias veces con íntimos amigos, acompañando a nuestras hijas que formaron parte de los Caporales de San Simón, bailando a unos 3.700 metros sobre el nivel del mar, en tacos altos sobre calles empedradas, por tres o cuatro horas, hasta llegar, con los pies ensangrentados, al Santuario de la Virgen del Socavón.

En Oruro también me quedé impresionado por el Presidente de la República, sentado con la Primera Dama, el Vice Presidente y su señora, en medio de la plaza central, sin virtualmente ninguna seguridad, como cualquier otro miembro del pueblo, disfrutando de la fiesta. Y horas después, almorzando codo a codo con toda la tropa de la Fraternidad Artística y Cultural la Diablada, patrocinada por él mismo.

Me pregunto, en cuántos países del mundo en esa época podría el líder de un país haber quedado tan expuesto públicamente sin ningún riesgo?

"El periodo 1993-1997, primer gobierno de Gonzalo Sánchez de Lozada, fue uno de los más creativos, si no el más creativo, de la historia contemporánea de Bolivia. Las medidas tomadas por Sánchez de Lozada dejaron una impronta que aún dura al comenzar la tercera década del siglo XXI. La capitalización, si bien fue una medida compleja y no siempre bien entendida, desencadenó un torrente de inversiones extranjeras y puso a Bolivia en la liga de los grandes jugadores de hidrocarburos de esta parte del mundo. La capitalización tenía como hermano siamés al Bonosol, una jubilación mínima no contributiva para todos los bolivianos. La participación popular tuvo grandes alcances sociales, políticos y económicos al empoderar a los municipios y al descentralizar servicios públicos a lo largo y ancho de toda la geografía del país. La ambiciosa reforma de pensiones tuvo también grandes consecuencias. Que ella podría ser mejorada no cabe duda, pero se habían sentado las bases. La ley del Banco Central de Bolivia, que le otorga independencia, se puso a tono con las mejores legislaciones del mundo e inició la modernización de la política monetaria. Consignar la lista de iniciativas de política de Sánchez de Lozada llevaría mucho espacio."

- Juan Antonio Morales, Profesor Emérito de la Universidad Católica Boliviana y Presidente del Banco Central de Bolivia (1995 y 2006)

9 de Julio, 19 kilómetros hasta Puente la Reina, cruzando el Alto del Perdón, con su vista atrás de los campos de girasoles en primer plano de Pamplona y los Pirineos, y delante la extensa llanura navarra y el pueblo de Uterga, donde paré para dar un abrazo a la amiga Ana Calvo, hospitalera del Albergue del Perdón.

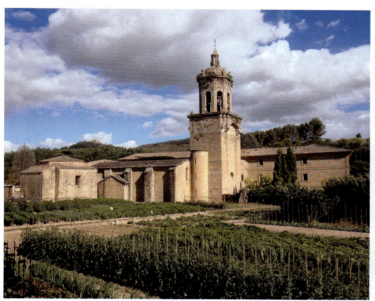 

A la entrada de Puente la Reina, el Convento del Crucifijo al lado del Albergue de los Padres Reparadores, nuestro destino ese día. En la tarde posamos con los amigos en el puente sobre el Rio Arga, ahora mucho mayor que cuando lo vimos por primera vez dos días antes unos 45 kilómetros aguas arriba en Zubirí.

  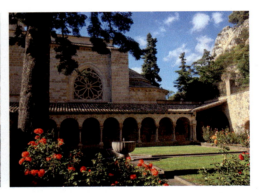

10 de julio, 22 kilómetros hasta Estella, con un descanso en el bar de José Ramón, hospitalero del Albergue de Lorca, uno de aquellos ángeles del Camino que proveen a los peregrinos caña, comida y cama. Fui recibido en el pueblo de mi destino por otros ángeles del Camino, Araceli y Olivia, las dos en el medio, acompañadas por Inés y Belén. En la tarde, nos retiramos a la paz y tranquilidad del claustro de la Iglesia de San Pedro de la Rua.

 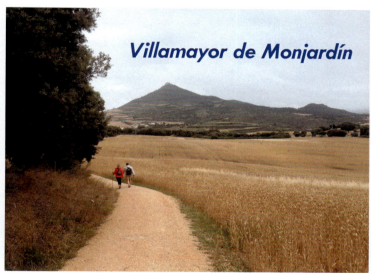

11 de julio, 28 kilómetros hasta Sansol. Después de desayunar con un vino gratis de los grifos de Irache, pasé por la ladera de Villamayor de Monjardín y encima la silueta del castillo de San Esteban de Doyo, cuyo casco hueco lanzaba un hechizo misterioso que evocaba la memoria de los romanos, musulmanes y cristianos que lo ocuparon a lo largo de los siglos. El regalo al llegar al Albergue Sansol fue el aplauso de mis amigos, una copa de vino y - en el patio central - una pila de agua fría para aliviar el calor de mis pies. En la cena se despidieron los amigos españoles en víspera de su regreso a casa.

"El primer mandato del Presidente Gonzalo Sánchez de Lozada coincidió con el enfoque de mercado y apertura económica del Consenso de Washington, recomendado por el FMI, Banco Mundial, BID y principales organismos financieros multilaterales como estrategia para acelerar el restablecimiento del crecimiento económico y proceso de desarrollo de America Latina, después del severo ajuste que tuvo que implementar la Región en la década perdida de los años ochenta. En ese escenario, mas allá de continuar con las políticas macroeconómicas exitosas implementadas por Bolivia a partir de 1985 que permitieron restablecer los equilibrios macroeconómicos, durante la gestión de Sánchez de Lozada se profundizaron reformas estructurales de segunda generación con mayor participación de la iniciativa privada y la inversión extranjera. Al respecto, se adoptaron políticas e instrumentos novedosos para lograr, al mismo tiempo, una mayor participación de los ciudadanos en los beneficios del crecimiento económico. Es el caso de los programas de Capitalización y Participación Popular."

- Enrique Garcia, Ministro de Planificación y Coordinación de Bolivia (1989-1991), Presidente de la CAF-Banco de Desarrollo de América Latina (1991-2017)

12 de julio, 21 kilómetros, que comenzó con una llovizna sobre el pueblo de Torres del Río y la Iglesia del Santo Sepulcro del siglo XII y, quince minutos después, un arcoíris sobre el Camino en el amanecer. Más adelante, me encuentro con dos holandesas, madre e hija, que venían a caballo desde Santiago de Compostela, habiendo partido del sur de España, más de mil kilómetros atrás, por la Vía de la Plata, con el eventual destino de llegar a su propio país. El destino para mi ese día fue Logroño, la capital de La Rioja y del vino del mismo nombre - un cambio de ambiente, después de la paz del campo.

13 de julio, 30 kilómetros hasta Nájera, encontrándome con nuevos amigos italianos, Estéfano, Claudio y Rafaelo. La llegada al Río Najerilla y el paseo ribereño de este pueblo, lleno de gente tomando tanto vino como sol, me trajo recuerdos del año anterior.

Ricardo Blanco, Carlos Espinosa, Jaime Albelda

En nuestro peregrinaje con Ricardo Blanco en 2013, vimos al llegar a este pueblo el siguiente mensaje pintado en la pared de una casa, "Peregrino: En Nájera, najeriño", perfectamente demostrado con nuestra recepción por el dueño del Bar Naxara, Carlos Espinosa, y el poeta y Cronista Oficial de Nájera, Jaime Albelda, quien nos compuso el siguiente poema.

A dos amigos peregrinos:
David y Ricardo.
De reyes son sus nombres
evocando historias legendarias.
Provistos de sandalias y de hatillos,
ejercieron de forjados peregrinos,
andar el muy ilustre camino,
que su meta es la tumba de Santiago.
Cristianos y amantes de la vida,
dibujar su aventura consentida
es un privilegio de este amigo.
Conversando con gentes de higaldía
ancestrales testigos de su viaje,
en Nájera aparcaron en su camino.
Qué colosal vitalidad es su aventura.
Muy pronto aquí surgieron dos amigos
en brindis de vino con las viandas
se dieron amistad muy compartida.
Viajeros son del alma de
Jaime y Charlie el de Nájera.

- Jaime Albelda

14 de julio, 21 kilómetros hasta Santo Domingo de la Calzada. Con el amanecer sobre los viñedos riojanos y la Sierra de la Demanda en la distancia, de repente me saltó del corazón la siguiente canción:

Oh what a beautiful morning,
Oh what a beautiful day,
I've got a wonderful feeling,
Everything's going my way.

Y frente a la puesta del sol al acercarme a mi destino del día, con la Sierra Cantábrica en el horizonte hacia el norte y rodeado por la ondulación de cebada y trigo bajo una brisa suave, levanté la cabeza, extendí los brazos y giré como si estuviera volando.

"Goni fue uno de esos pocos líderes que estuvo dispuesto a romper con políticas fallidas para tomar la iniciativa y la responsabilidad de poner a Bolivia en el camino de la solvencia fiscal y el desarrollo social real y de amplia base. A un costo político personal, se dedicó a mejorar la vida de su pueblo y poner en práctica políticas económicas, sociales, ambientales e institucionales que, con la suficiente comprensión y compromiso, tenían la capacidad de mantener a Bolivia en una trayectoria positiva y sostenible a muy largo plazo. Sus esfuerzos fueron ampliamente estudiados y elogiados como parte de la nueva generación de liderazgo tecnocrático pero visionario que sacó a América Latina de la grave crisis de la deuda y dio vida a nuevas democracias. A nivel personal, es una persona completamente decente, que conduce las relaciones interpersonales con dignidad, buen humor y respeto. Tengo la suerte de conocerlo."

- Eric Farnsworth, Vice Presidente del Council of the Americas (COA)

15 de julio, 22 kilómetros hasta Belorado, con una parada en el pequeño pueblo de Viloria de Rioja para visitar el amigo hospitalero Acacio, con su esposa Orietta dueños de un albergue que lleva sus nombres y que cuenta con el patrocinio de Paulo Coelho, escritor brasileño que hizo el Camino en 1986 y el próximo año publicó El Peregrinaje, libro que cuenta su experiencia espiritual y que contribuyó a la popularidad del Camino.

Normalmente me habría quedado en el Albergue Acacio y Orietta, en mi opinión uno de los mejores de todo el Camino, pero había hecho mis cálculos y me di cuenta que, si mantenía un ritmo un poco mas acelerado, podría llega a Santiago el 6 de agosto.

16 de julio, 24 kilómetros hasta San Juan de Ortega, pasando por campos de trenzas rubias de trigo y el pueblo de Villafranca Montes de Oca, donde me encontré con el amigo irlandés Rory y cruzamos los "montes", a una "altura" de 1.150 metros; todo es relativo, en Bolivia se llaman pequeñas colinas. Caminamos con tres padres católicos hasta el pueblo medieval de San Juan de Ortega, con su capilla y hostal que han servido a peregrinos por más de mil años y ahora cuenta con un servicio un poco más moderno, el Bar Marcela, hoy para celebrar el Día de La Paz.

> *"El interés superior de la patria debiera estar por encima de las diferencias y luchas políticas circunstanciales. Porque la lealtad política no es a las personas, sino a los principios y las causas. Y yo creo que Sánchez de Lozada fue un gran Presidente, un demócrata y un modernizador. Goni fue un gigante con talla de estadista."*
>
> *- Ronnie MacLean, Alcalde de La Paz cinco veces entre 1985 y 1997 y miembro del gabinete del gobierno de Bolivia durante tres períodos presidenciales entre 1978 y 2001*

17 de julio, 26 kilómetros hasta Burgos, parando en el Albergue San Rafael en Agés donde la hospitalera Ana María me recibió con una conversación animada y un desayuno típico de la región.

A medio día me encontré con Rory y otros amigos peregrinos para compartir las cervezas de costumbre. Llegué finalmente a Burgos - la "capital gótica" de España - exhausto y un poco abrumado por la conmoción y elegancia de la ciudad, después de la paz y sencillez del campo y las capillas románicas de pequeños pueblos.

18 de julio, 32 kilómetros hasta Hontanas, por las mesetas de Castilla y León, entre mis tramos favoritos del Camino por su tranquilidad y cielo abierto y extenso. Después de una parada para dar un abrazo a Pili y Santi en su Albergue Alfar de Hornillos llegué a mi destino del día, un pueblito (de solo 69 habitantes) del siglo XIV escondido en un pequeño cañón.

Castrojeriz

19 de julio, 10 kilómetros hasta Castrojeriz. Un día corto para poder visitar el castillo visigodo del siglo IX, construido sobre una anterior fortaleza romana en un morro encima de la ciudad, y apreciar hacia dónde iba el próximo día. La música de la Fiesta del Ajo hasta las 6 de la mañana ayudó a despertarme suficientemente temprano para subir hasta el castillo y ver el amanecer sobre la Iglesia de Nuestra Señora del Manzano y el camino de dónde veníamos.

20 de julio, 20 kilómetros hasta Boadilla del Camino. Hay muchas maneras de hacer el Camino.

"El primer gobierno de Gonzalo Sánchez de Lozada (1993-1997) fue para Bolivia una primavera fecunda de modernización y creatividad sin parangón en su historia moderna. Su programa de gobierno, 'El Plan de Todos', propuesto al pueblo boliviano y votado por éste en las elecciones presidenciales de 1993, fue un ambicioso programa de reformas estructurales de fondo, llevado a cabo de manera intensa y creativa durante dicho período presidencial.

Una de esas reformas, la Capitalización, fue concebida con el objetivo de contribuir a resolver problemas estructurales de Bolivia que se habían mantenido durante muchas décadas: Baja productividad, escasa inversión, débil mercado de capitales, precaria economía de exportación, estrecha cobertura de seguridad social, desigual distribución de ingreso y pobreza. Por medio de una fuerte inyección de capital, tecnología y capacidad de gestión, el proceso de capitalización debía potenciar seis sectores claves del país: hidrocarburos, telecomunicaciones, energía eléctrica, aeronavegación, ferrocarriles y minería. La Capitalización buscaba multiplicar las riquezas de Bolivia y expandir su economía.

La Capitalización resultó en un flujo de inversiones sin precedentes en el país. Junto con la venta de casi 100 empresas estatales menores, la Capitalización marcó en ese entonces el fin del rol empresarial que había desempeñado el Estado Boliviano y generó un inédito flujo de inversión extranjera directa al país.

Los ingresos que la Capitalización generó para el país fueron también considerables. Por ejemplo, en el sector de hidrocarburos, la construcción del gasoducto al Brasil y las exportaciones a la Argentina generaron entre 2005 y 2019 un ingreso de 45.413 Millones de USD, de los cuales la renta del Estado alcanzó a 35.183 Millones de USD. Las exportaciones del país crecieron de 1.138 Millones en 1995 a 12.093 Millones de USD en 2014".

- Jaime Villalobos, Ministro de Desarrollo Económico de Bolivia (1994-1997)

Frómista

21 de julio, 26 kilómetros hasta Carrión de los Condes, un día de bajas y altas. Comenzó con el descubrimiento de que me habían robado €350 en el Albergue "En el Camino" en Boadilla. La caminata al lado del Canal de Castilla ayudó a apaciguar mi ánimo, pero la visita a la Iglesia de San Martín en Frómista, reconocida como el mejor ejemplo de arquitectura románica en toda España, borró la desgracia de la mañana. Pensé que estaba solo, pero de repente sentí el canto de una voz femenina, dulce, fina, tan leve que pensé que me la estaba imaginando. Gradual y suavemente, se iba levantando hasta que parecía que estaban cantando las piedras del piso, las paredes, los arcos. Me di vuelta y vi sentada, sólita, en el último banco, una amiga peregrina. Me contó después que estaba cantando la Pie Jesu de "Réquiem" de Andrew Lloyd Webber y después la "Caccini Ave María" de Vladimir Vavilov. La misa de los peregrinos esa noche, en la iglesia Santa María del Camino en Carrión de los Condes, completó el día.

22 de julio, 27 kilómetros hasta Terradillos de los Templarios, un tramo plano, la mayor parte por la Vía Romana, construida hace 2000 años. Una mañana clara y templada, enriquecida por un enorme campo de girasoles y un ciclista que dio vuelta para saludarme, un gesto especialmente grato para un peregrino a pie.

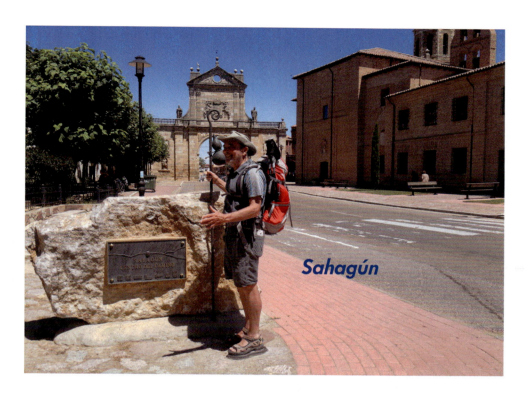

23 de julio, 27 kilómetros hasta El Burgo Ranero, pasando por Sahagún, reconocido como el punto medio del Camino Francés, lo que requiere la foto obligatoria en la estatua designada para ese propósito.

"*Me quedo impresionado con los 400 kilómetros de recorrido y jornadas llenas de naturaleza, historia, recogimiento y reflexión sobre el motivo del viaje: recordar la Bolivia de los 90s, democracia, creatividad y profundas transformaciones (participación popular, Bonosol, capitalización, alivio de la deuda externa con el HIPC) que se apoyaron desde el BID. Esas medidas fueron el resultado de un momento histórico en el que la gente más talentosa del país se unió más allá de las ideologías para sacar adelante al país, bajo el liderazgo de un gran estadista, Gonzalo Sánchez de Lozada.*"

- Jaime Aparicio, Vice Ministro de Relaciones Exteriores de Bolivia (1993-1997), Embajador de Bolivia ante la Casa Blanca (1997-2002) y ante la OEA (2019-2020), y luego Presidente del Comité Jurídico Inter-Americano de la OEA

24 de julio, 19 kilómetros hasta Mansilla de las Mulas. Me levanté bien temprano para gozar de la madrugada, y al llegar a mi destino del día conocí a la pareja Fernando y la exhuberante Pilar.

El día anterior, en un bar en Bercianos del Real Camino, compartimos unas cañas con Mariano Quintana, 84 años, quien me comentó que a lo largo de los años, el mayor cambio en la región ha sido la pérdida del sentido de comunidad. Se me ocurrió que una de las razones ha sido la mecanización de la agricultura, lo que ha contribuido a la salida de la juventud.

"A mediados de la década de los noventa Bolivia enfrentó la peor crisis financiera de su historia económica que se inició con la intervención y liquidación de dos bancos que habían presentado serios problemas de insolvencia. La liquidación de estos bancos produjo un fenómeno de desconfianza que implicó una importante pérdida de depósitos en el sistema financiero boliviano, lo cual se tradujo en un agudo problema de liquidez en el sistema bancario. En estas circunstancias, a principios de 1996, fui nombrado Superintendente de Bancos y Entidades Financieras en base a una terna de tres candidatos presentada por el Presidente Gonzalo Sánchez de Lozada a la Cámara Alta del Congreso Nacional de acuerdo a un concurso de méritos establecido por Ley. Apenas tomé posesión instruí que se hiciera una auditoría de los bancos del sistema. De la evaluación realizada constaté que cinco bancos, que representaban más del 50 por ciento de los depósitos del sistema bancario boliviano, enfrentaban problemas de iliquidez y de insolvencia. Como se podrá deducir, la caída de otros cinco bancos podía haber inducido a una corrida generalizada de depósitos y a una crisis sistémica de consecuencias imprevisibles para la estabilidad económica que el país había logrado después de tanto sacrificio. Para enfrentar la crisis financiera el Estado tuvo que intervenir creando, con apoyo del Banco Interamericano de Desarrollo, Banco Mundial y la Corporación Andina de Fomento, una institución de saneamiento de bancos que se denominó Fondo de Fortalecimiento del Sector Productivo y Financiero (FONDESIF). Con esta política de saneamiento de bancos se logró además de fortalecer la confianza en el sistema financiero, mantener la estabilidad del sistema de pagos, minimizar los costos para el Estado frente a los costos de una liquidación forzosa, mantener el flujo de financiamiento hacia los clientes de la entidad, proteger e incrementar el ahorro de la comunidad y minimizar la generación o contagio de pánico entre los ahorristas."

> *- Jacques Trigo Loubiere, Presidente del Banco Central de Bolivia (1987-1988), Director Ejecutivo por Bolivia, Uruguay y Paraguay ante el Banco Interamericano de Desarrollo (1993-1996), Superintendente de Bancos de Bolivia (1996-2001), Ministro de Finanzas (2003)*

25 de julio, 19 kilómetros hasta León, comenzando con tranquilidad en el puente medieval sobre el Río Porma pero que se convirtió en seguida en uno de los tramos menos agradables de todo el Camino, mas de 12 kilómetros paralelos a una carretera llena de camiones y autobuses pasando por una zona comercial e industrial. Por unos momentos ese ruido fue mitigado por las canciones de unos niños españoles que iban acompañados por su madre, y finalmente por lo acogedor del casco histórico de León, un almuerzo en el bar Vinos Grifo de nuestro amigo Pepe Cruz Fernandez - cazuelas con huevos rotos y setas al ajillo, con un Ribera del Duero - y una tertulia con Fernando y Pilar sobre la política de España.

Al comienzo del día, en Villarente, al lado del puente, paré en un restaurante para tomar un café y hablé con la dueña, Ana, quien me contó cómo era el Camino hace sesenta años. Un día estaba trabajando ella en el campo con sus padres cuando de repente apareció en el pueblo un peregrino. Estaban tan sorprendidos que tiraron al suelo sus rastrillos y asadas y corrieron para verlo. Pero el peregrino solitario, con vestimenta y equipo de mil años atrás - sombrero de ala ancha, capa, báculo, zurrón, concha de vieira y una calabaza para guardar la bebida - siguió de frente sin mirarlos.

Al despedirme me dice Ana, "Usted no es turista, usted es peregrino."

Pero por qué yo? Todos somos peregrinos. Ayuda, sin embargo, pararte unos minutos y hablar con la gente un rato.

26 de julio, 21 kilómetros hasta Villar de Masarife, saliendo por la Plaza San Marcos frente a lo que fue un hostal de peregrinos en el siglo XI y ahora es un parador, un hotel de cinco estrellas que, como muchos otros, sirve para preservar el patrimonio histórico de España.

Al amanecer, pasé por el puente sobre el Río Bernesga, hasta la paz y el silencio del campo de Castilla y León.

Al final del día, en el Albergue San Antonio de Padua, celebramos la cena tradicional de los peregrinos.

27 de julio, 31 kilómetros hasta Astorga, pasando por el Puente de Órbigo, donde en el año 1434 el caballero Don Suero de Quiñones, tratando de demostrar su amor por una dama, enfrentó a 68 caballeros rompiendo unas 300 lanzas. Habrá sido el modelo de Cervantes?

Más adelante, paso a saludar al ermitaño David, quien cambió una vida de negocios y riqueza por la sencillez y tranquilidad de un trecho solitario del Camino.

En Astorga, como de costumbre, escojo un albergue, el de Peregrinos San Javier, pero ceno en el Hotel Gaudí, frente al Palacio Episcopal, última obra del famoso arquitecto catalán.

28 de julio, 21 kilómetros hasta Rabanal del Camino. El alemán Benjamín con su aparato para llevar a su mascota Lina por el Camino, descansaba en el pueblo maragato Murias de Rechivaldo.

Y en la noche, una misa de peregrinos en la Iglesia de Santa María, construida en el siglo XII por los Templarios como parte de su sistema de protección para los peregrinos. Aquí en Rabanal comenzamos a salir de las mesetas de Castilla y León y gradualmente subir las laderas de las montañas que anticipan el cambio de paisaje en Galicia.

29 de julio, 21 kilómetros hasta Molinaseca. El punto más alto del Camino es la Cruz de Ferro, a 1.515 metros. La tradición es de llevar una piedra, supuestamente de tu casa, cargarla desde el inicio del peregrinaje y dejarla al pie de la cruz para soltar un peso que lleva por dentro. La cruz está cubierta de papeles que llevan mensajes pidiendo apoyo por algún pariente o amigo en dificultades, u oración por su fallecimiento.

Después de un largo descenso por un sendero lleno de piedras sueltas en una tarde calurosa, llegué a la entrada del pueblo de mi destino por el puente sobre el Río Maruelo, cuyas aguas no pude resistir.

La cantante de Frómista, curando sus pies

"Recordar lo ocurrido en la administración pública y política entre 1993 y 1997 significa construir una línea que divide a la Bolivia Republicana del pasado y la Bolivia Republicana del futuro. Este período de Gobierno, liderado por Gonzalo Sánchez de Lozada, se caracteriza por repensar la función del Estado y la función administrativa del Gobierno tomando en cuenta el Desarrollo Humano, íntimamente ligado al Desarrollo Económico y el Medio Ambiente. Es la primera vez en la región que una administración política integra estos tres pilares en una política de Estado coherente.

Al margen de la Capitalización, que se convierte en el oxígeno económico a una economía estatal endeble, la Ley de Participación Popular dinamiza en forma inmediata, los sectores sociales, económicos, urbanos, rurales, que para la salud pública significó el andamiaje político administrativo para ampliar la gestión sanitaria y generar poderosas fuerzas implícitas de inclusión social y económica al nivel territorial, es decir donde se dan soluciones locales a problemas reales y sentidos de la comunidad.

Esta descentralización de la política, de la gestión y del financiamiento de la salud se denominó el Nuevo Modelo Sanitario, creado en 1994, una verdadera reforma del sector salud que da pie a transformaciones sustanciales que buscaban aliviar la exclusión social en salud de grandes sectores de la población boliviana e incorporar tanto en el sector rural como en el urbano a una buena cantidad de personas desprotegidas del cuidado de la salud. Entre el período 1983 a 2000 se redujo la mortalidad infantil de más de 200 por mil nacidos vivos a 60 por mil nacidos vivos y de 1995 a 2005 se redujo la mortalidad materna en un 40%, reducción única en la región gracias la Participación Popular en Salud y al Seguro Universal Materno Infantil, SUMI, iniciado con el Seguro Nacional de Maternidad y Niñez en el primer Gobierno de Sánchez de Lozada."

- *Javier Torres-Goitia, Vice Ministro de Salud de Bolivia (1993-1997)*

  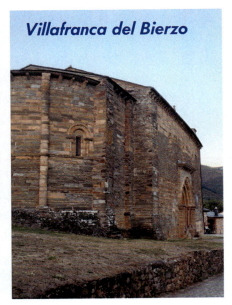

Villafranca del Bierzo

30 de julio, 31 kilómetros hasta Villafranca del Bierzo. Pasé por Ponferrada, base de los Templarios en el siglo XII, y por los viñedos de Mencía en la región del Bierzo hasta una caña fría en el patio sombrado del restaurante La Moncloa de San Lázaro en Cacabelos.

A la entrada de Villafranca se encuentra la Puerta del Perdón de la iglesia de Santiago Apóstol, que ofrecía indulgencias para los peregrinos medievales que no podían seguir hasta Santiago de Compostela. Ahora la puerta se abre solamente en los años Jacobeos (cuando el 25 de julio cae en un domingo) a petición de aquellos que pueden comprobar su incapacidad física para llegar a Santiago.

 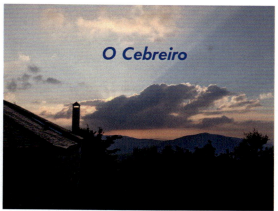

31 de julio, 28 kilómetros hasta Laguna de Castilla. A medio día conocí a Doña María, la "Abuela de Pórtela de Valcarce," que tenía 93 años y ninguna pena de que le sacara una foto.

Normalmente en este trecho el peregrino termina el día en O Cebreiro, el pueblo mágico en la cumbre de la entrada a Galicia. Con el número creciente de peregrinos al acercarnos a Santiago, temía que no consiguiera espacio en el albergue y por lo tanto decidí quedarme en el pueblo anterior. Pero no pude resistir, y con un amigo peregrino español, subimos para ver la puesta del sol sobre la Comunidad de nuestro destino final.

1 de agosto, 17 kilómetros hasta Filobal. Una mirada final hacia Castilla y León, tratando de imitar la estatua de un peregrino medieval que nos da la bienvenida a Galicia, una multitud de peregrinos que da señales de nuestro acercamiento a Santiago, y un cartero que se acuerda de sesenta años atrás cuando repartía el correo por caballo, el rifle siempre a la mano.

"*La Participación Popular abrió una ventana a la esperanza; era una semilla que recogía Sánchez de Lozada de lo que fuera la experiencia de la Escuela Ayllu de Warisata, creada en los años 30 sobre la base de las costumbres y tradiciones indígenas que conservaban formas de organización de la vida económica, política y cultural de la comunidad ancestral aymara y quechua. La Participación Popular abrió espacios para la construcción de una ciudadanía activa y democrática para poblaciones tradicionalmente ignoradas por el Estado y sentaba las bases para una transformación en el ámbito de la producción con el Municipio Productivo y la articulación de las diferentes regiones del país con el desarrollo de ciudades intermedias.*"

- *Marinés Castaños, miembro del equipo del proyecto Participación Popular e hija de Elizardo Perez, fundador de la Escuela Ayllu Warisata.*

 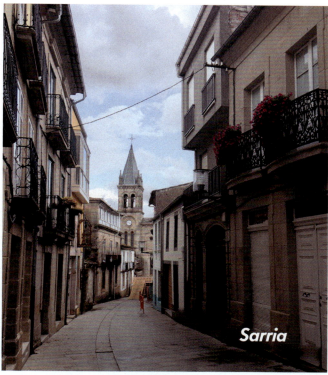

2 de agosto, 31 kilómetros hasta Barbadelo. El tiempo confirma que estamos en Galicia, llueve. Pasamos por la ciudad de Sarria, a 117 kilómetros de Santiago el punto de arranque para algunos peregrinos ya que caminando desde aquí uno puede conseguir la Compostela, el documento oficial confirmando que has hecho el Camino.

3 de agosto, 32 kilómetros hasta Ventas de Narón. Peregrinos se acumulan para desayunar en el Café Morgade en el pueblo del mismo nombre. Más adelante, Antonio, vigilando sus vacas, una peregrina joven ofreciendo frambuesas, y una caminata por los bosques mágicos arriba de Portomarín.

4 de agosto, 27 kilómetros hasta Melide. El cielo se despeja y nos espera una cena excepcional en la Pulpería Ezequiel (aquí en el otoño del año anterior).

5 de agosto, 29 kilómetros hasta Santa Irene, el último día antes de llegar a Santiago, que celebro con un baño en el Río Iso. En el curso de la mañana me encuentro con dos amigos de hasta casi cincuenta y cinco años, e Ionut Preda, campeón paralímpico (tiene una pierna protésica) que se posiciona en el Camino para vender camisetas para financiar la donación de equipo protésico a jóvenes que lo necesitan. También coloca en tu credencial - el "pasaporte" del Camino - un sello de cera, el único tan elegante que yo vi en todo este Camino.

Más adelante, el recuerdo de una peregrina que falleció en el Camino, habiendo cumplido su meta.

Conversaciones con Goni y Ximena Sánchez de Lozada

Una de las fuentes de inspiración más importantes de las ideas de Sánchez de Lozada, Goni, para una estrategia para su país fueron los viajes que hizo con su esposa Ximena a lo largo de toda Bolivia, principalmente por tierra, viajes que se podrían llamar peregrinajes. En 1989 Goni había ganado el voto popular en las elecciones presidenciales, pero no fue elegido por el Congreso. Estas circunstancias motivaron a Goni a querer ser mejor conocido por el pueblo boliviano y entender más a fondo sus problemas. Fue así como inició su recorrido, por su propia cuenta, no como miembro de un partido político sino como ciudadano privado. Llegaba a una ciudad, un pueblo, se reunía con la gente para tener conversaciones abiertas y francas, tertulias.

En esas conversaciones les decía, "Ustedes son quienes conocen mejor los problemas de este país. Cuéntenme, cuales son sus desafíos, sus necesidades? Porque son ustedes los que comprenden los problemas y saben cuales pueden ser las soluciones." Y así pudo sentir directamente, no solo su situación socio-económica, sino su falta de voz y voto, incluyendo la de las mujeres. En general, las mujeres se quedaban atrás, en silencio. Pero Goni les alentaba a hablar, a preguntar, y claro, tenía la ventaja de estar acompañado por Ximena, quién con su cariño natural podía relacionarse con ellas.

Y le quedó grabado en la memoria el comentario de una de ellas. "Ai, señor, no hay esperanza para nosotros, tanto son los problemas. Pero eso sí, usted es la primera persona que ha venido a hacernos estas preguntas."

Al inicio, Ximena se opuso a que Goni fuera candidato. Sabía que la política puede ser muy difícil. Valoraba mucho su vida privada y su familia. Pero cuando se dio cuenta del compromiso de Goni, de su dedicación a su misión, quería apoyarlo, considerando además que era la persona mas indicada para cumplirla. Tanto que cuando empezó la campaña para las elecciones de 1993, Ximena se incorporó al equipo, posiblemente la primera vez en la historia de Bolivia que la esposa del candidato formara parte integral de la campaña presidencial de su marido.

Fue a partir de esos contactos directos, personales con los pueblos del país, de esos "peregrinajes", que surgieron las raíces del Plan de Todos, un plan radical en el sentido lingüístico original de la palabra. Y no solo radical sino holístico, cada parte interconectada y explicable por referencia al todo, un programa que tomaba en cuenta, en forma integrada, los aspectos económicos, sociales, ambientales e institucionales de todo el país.

Goni entonces se puso en contacto con varios amigos que compartían su visión para el país, y les pidió que formaran un think tank para hacer investigaciones y elaborar propuestas de forma sistemática. De esa iniciativa resultó la creación de la Fundación Milenio en 1991, apoyada además por la fundación alemana Konrad Adenauer Stiftung. Para 1992 la Fundación Milenio ya tenía personería jurídica y actuó públicamente con seminarios y publicaciones que sirvieron de base para el trabajo de su equipo. Se reunían en su casa en Obrajes y trabajaban día y noche en la elaboración de la propuesta que sería presentada en la campaña electoral como el Plan de Todos. Goni tiene fama de ser detallista, hasta perfeccionista.

Sus giras por el país y los trabajos de esos equipos fueron las fuerzas impulsoras de su visión para Bolivia, basada en un modelo de desarrollo que incorporara toda la ciudadanía boliviana y le diera acceso no solo a los servicios mas elementales, sino también los recursos y el poder de decisión sobre los asuntos esenciales para su bienestar y sobrevivencia; un modelo que involucrara además una asociación entre la competencia, innovación y capital del sector privado, y un estado eficiente y eficaz como moderador para asegurar que los beneficios de las inversiones privadas fueran compartidos en forma equitativa por toda la sociedad y que mantuviera la integridad de la soberanía nacional.[1]*

---

1 * Goni ganó la elección presidencial de 1993 con una votación de aproximadamente 10 puntos porcentuales arriba de 1989; contó con el apoyo de su compañero candidato para Vice Presidente, el dirigente e intelectual aymara Víctor Hugo Cárdenas (MRTKL). Su partido, el MNR, ganó 8 de los 9 Departamentos (comparado con 4 en 1989).

El cumplimiento de esa visión requería una gestión a más largo plazo, pero Goni no quería proponer una reforma constitucional que, además de otras consideraciones, fuera interpretada como su deseo de mantenerse en el poder. Así que la consolidación de las reformas del Plan de Todos para asegurar el pleno logro de sus objetivos quedó, como diría Goni, en "los manos" de otros.

Pero al final de nuestras conversaciones, me quedó una duda. Ximena tenía razón, la vida política no es fácil, no fue fácil para Goni y su familia. Goni era un empresario exitoso, tenía su propia carrera en la vida de negocios. Por qué decidió entrar a la política?

Me contó que empezó cuando organizó una campaña para apoyar la candidatura de Victor Paz Estenssoro en las elecciones de 1985, lo que resultó en su incorporación al gabinete de Paz Estenssoro entre 1985 y 1989, seguido por el lanzamiento de su propia campaña para las elecciones presidenciales de 1989. Paz Estenssoro quedó impresionado: usted, le dijo un día, es una de las únicas personas que conozco que busca servicio público sin ningún interés personal.

Es que Goni quería servir a su país.

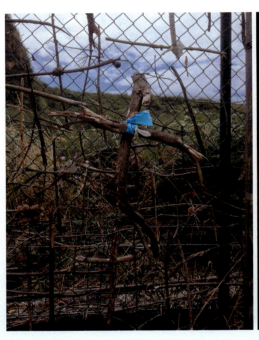  

6 de agosto, 23 kilómetros hasta Santiago de Compostela, cumplidos los 800 kilómetros desde St. Jean Pied de Port, y llegando el día que quería, el de la Independencia de Bolivia. Pasando primero al lado de un cerco de alambre cubierto de cruces, testimonio de centenares de peregrinos, y muestra del espíritu que motiva - por todas las razones que nos inspiran - a millones más. Cansado por la tensión del último día de la caminata de querer terminar sin mayores pendientes, sin haber saltado ningún punto, ninguna oportunidad importante. O sea, llegar a Santiago lo más libre posible.

Tan cansado estaba que no se me ocurrió ir a la Praza do Obradoiro para sacar la foto tradicional delante la Catedral. Mejor acompañar, a distancia y en silencio, una pareja andando, mano a mano, por las calles del casco histórico.

El próximo día, asistí la misa de los peregrinos en la catedral y la ceremonia del botafumeiro. Me conmovió ese enorme incensario oscilando a grandes alturas a lo largo de la iglesia, expulsando, según un observador, "oleadas de humo perfumado que llenaron el aire de un aroma celestial. Cálido, dulce y suave con toques de especias: notas de bayas, nuez moscada, incienso y sándalo se unieron para formar una fragancia profundamente divina".

Sentí a la vez tristeza y alegría. Tristeza porque de repente me hizo falta aquella misión diaria de caminar, reconocer algunos paisajes y pueblos como viejos amigos, conocer otros que me habían escapado en caminatas anteriores.

Y alegría porque cumplí con lo que buscaba - caminar cada paso del Camino Francés en nombre de aquellos amigos, colegas y líderes de Bolivia que en los años noventa contribuyeron tanto a crear un país más sostenible, más justo. Alegría porque quería, con mis pies y con los comentarios en este libro, tratar de dar testimonio a dichos esfuerzos para construir el Camino para Bolivia.

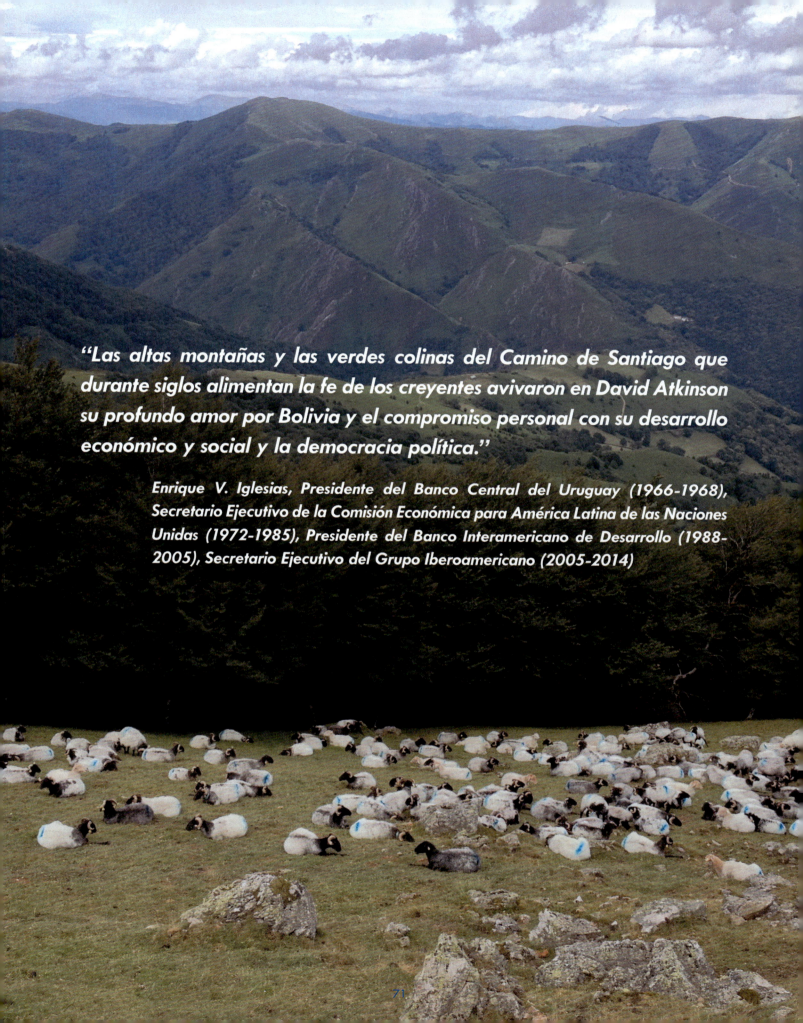

"Las altas montañas y las verdes colinas del Camino de Santiago que durante siglos alimentan la fe de los creyentes avivaron en David Atkinson su profundo amor por Bolivia y el compromiso personal con su desarrollo económico y social y la democracia política."

Enrique V. Iglesias, Presidente del Banco Central del Uruguay (1966-1968), Secretario Ejecutivo de la Comisión Económica para América Latina de las Naciones Unidas (1972-1985), Presidente del Banco Interamericano de Desarrollo (1988-2005), Secretario Ejecutivo del Grupo Iberoamericano (2005-2014)

Coda

"Muchísimas gracias. Presidente Sánchez de Lozada, Presidentes, jefes de delegaciones, distinguidos invitados, señoras y señores. Es un gran honor estar aquí esta mañana. También es un placer volver a Bolivia y a Santa Cruz, que tuve la suerte de visitar hace dos años.

Permítanme comenzar felicitando al Presidente y a los pueblos de Bolivia, quienes juntos han realizado un trabajo tan magnífico como nuestros anfitriones.

También aquí está hoy Enrique Iglesias del Banco Interamericano de Desarrollo, y creo que todos nos unimos en agradecimiento por todo el buen trabajo que él y sus colegas están haciendo para mejorar la vida de nuestros ciudadanos.

Pero es un privilegio especial estar aquí hoy en la realización de una visión que compartió conmigo al comienzo del mandato del presidente Sánchez de Lozada en agosto (de 1993). En su primera visita a Washington, el presidente Sánchez de Lozada habló sobre cómo quería que su país desempeñara un papel de liderazgo en todo el hemisferio occidental al promover la causa del desarrollo sostenible. Y lo ha hecho con tenacidad y visión de futuro, creando el primer Ministerio de Desarrollo Sostenible de la región. Lo saludamos, señor presidente, y le agradecemos a usted y a su esposa Ximena por su amable hospitalidad de hoy.

Quisiera felicitar particularmente a Bolivia, y a otros aquí hoy, por generar competencia en el suministro de energía y otras fuentes. En base a nuestra experiencia hemos aprendido claramente que las empresas privadas son mejores que las empresas estatales tanto para la economía como para el medio ambiente. Para fomentar y promover estos impresionantes desarrollos, todas nuestras naciones tienen la gran responsabilidad de proporcionar las herramientas que conducen a prosperidad y sostenibilidad crecientes. Estas políticas incluyen macroeconomías sólidas, aumento de las privatizaciones y capitalizaciones, estructuras reguladoras apropiadas y mercados financieros que funcionan bien.

Para Estados Unidos, la Cumbre de Bolivia sobre Desarrollo Sostenible es uno de los frutos más prometedores de (la Cumbre de las Américas de) Miami. Consideramos esta conferencia y su agenda sustantiva como elementos centrales de la alianza hemisférica que buscamos construir para el siglo XXI.

Aunque venimos a esta reunión de diferentes naciones y de diferentes orígenes, estamos unidos en el entendimiento fundamental de que no podemos ser administradores responsables de nuestra libertad si no somos también administradores responsables de la tierra, del aire y del agua de nuestro hemisferio. Sostener el desarrollo de la democracia requiere el desarrollo sostenible de los recursos que nutren nuestra libertad.

En muchos sentidos, la Cumbre Hemisférica sobre Desarrollo Sostenible es un puente construido sobre la base intelectual de (la Cumbre de) Río y la alianza hemisférica iniciada en Miami. En los últimos dos años, hemos comenzado a trabajar hacia una mayor síntesis entre desarrollo económico, equidad social y protección ambiental. Y estamos aprendiendo que cada uno de estos procesos no puede continuar sin los demás.

Trabajando juntos, hemos llegado a comprender que no podemos luchar contra la pobreza sin abordar la degradación ambiental. Y hemos llegado a comprender que no podemos proteger el medio ambiente sin luchar eficazmente contra la pobreza."

- Vice Presidente de los Estados Unidos Al Gore, en su discurso en la Cumbre de Desarrollo Sostenible celebrada en Santa Cruz de la Sierra en diciembre de 1996

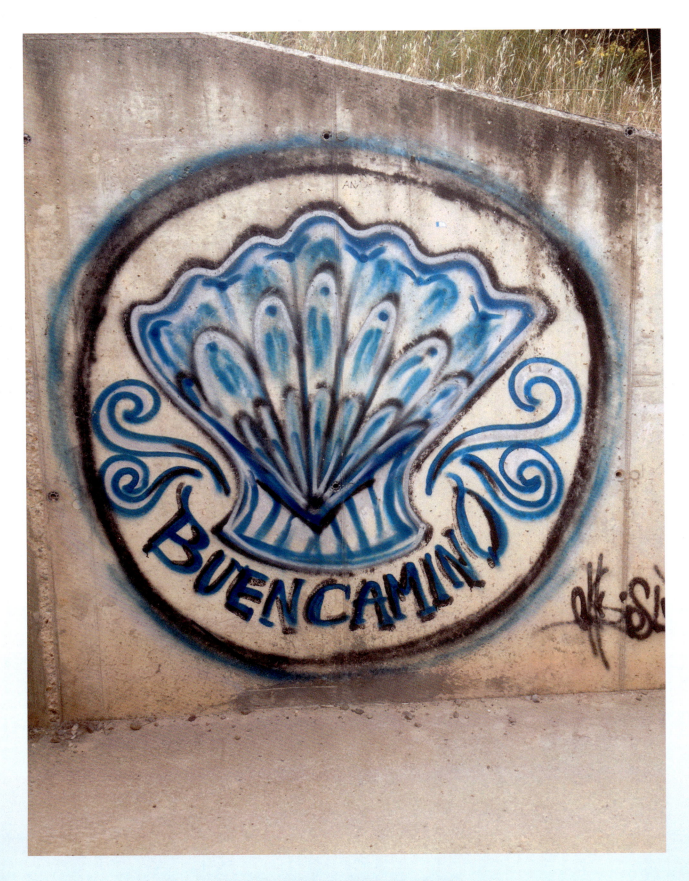

Saludo de todo peregrino en el Camino

Printed in the United States
by Baker & Taylor Publisher Services